CB142628

Transgênicos são do bem. Transgênicos são do mal.

Entenda de uma vez essa questão

Fátima Cardoso

Transgênicos são do bem. Transgênicos são do mal.

Entenda de uma vez essa questão

Coordenação de texto
Ivonete Lucírio

editora
TERCEIRO NOME

'mostarda
editora

Coleção Repórter Especial

Editores associados
Edgar Gusmão Dias da Silva, Fernando Portela, João Lima Jr., Mary Lou Paris, Ruy Mesquita Filho, Samuel Ribeiro Rossilho

Preparação dos originais *Gênese de Andrade*
Revisão *Vivian Miwa Matsushita*
Projeto gráfico e capa *Antonio Kehl*
Foto da capa *Antonio Kehl*
Impressão *Palas Athena*

Dados Internacionais de Catalogação na Publicação (CIP)
(Câmara Brasileira do Livro, SP, Brasil)

Cardoso, Fátima
Transgênicos são do bem, transgênicos são do mal : entenda de uma vez essa questão / Fátima Cardoso ; coordenação de texto Ivonete Lucírio. — São Paulo : Editora Terceiro Nome : Mostarda Editora, 2005.

Bibliografia.

1. Organismos transgênicos 2. Plantas transgênicas I. Lucírio, Ivonete. II. Título.

05-8551 CDD-660.65

Índices para catálogo sistemático:

1. Transgênicos : Engenharia genética : Biotecnologia 660.65

Copyright © Fátima Cardoso 2005

Todos os direitos reservados a:

Editora Mostarda / Editora Terceiro Nome
Rua João Felipe Silva 52
Cep 04638-030 – São Paulo – SP
www.editoramostarda.com.br
www.terceironome.com.br
Tel (11) 5093 8216 Fax (11) 5044 5540

São Paulo 2005

Apresentação

Os transgênicos são uma realidade hoje e é pouquíssimo provável que venham a desaparecer da face da terra, até porque muito tempo e dinheiro já foram investidos em pesquisas. Depois de ajudar na Medicina, essa tecnologia invadiu as lavouras e hoje são produzidas toneladas de soja, arroz, milho e muitas outras culturas modificadas geneticamente para se tornarem resistentes a herbicidas e a pragas ou produzirem mais vitaminas. Mas será que é seguro comer um alimento transgênico? Essa história de inserir genes de uma espécie dentro de outra não pode prejudicar o ambiente? Essas duas perguntas estão no centro da polêmica. O objetivo deste livro não é respondê-las completamente – até porque não se tem ainda conclusões definitivas –, mas explicar os argumentos de quem defende e de quem contesta a segurança e mesmo a eficiência da técnica.

Os editores

Sumário

Introdução

Genes e DNA

Todos os seres vivos carregam no interior de suas células um conjunto de cromossomos, formados por moléculas de DNA (ácido desoxirribonucléico). Essa frase aparentemente banal e não muito fácil de ser compreendida significa o seguinte: qualquer bicho, planta e a maioria dos microrganismos do planeta são feitos basicamente das mesmas substâncias. Seja uma bactéria ou uma baleia, um homem ou uma barata, um pé de feijão ou uma araucária, todos são construídos a partir das informações contidas no DNA das células.

O DNA tem a estrutura de uma dupla hélice (parecido com duas espirais de caderno entrelaçadas) e é composto por pares de substâncias chamadas bases nitrogenadas – adenina, timina, citosina e guanina – identificados pelas letras A, T, C e G. Os pares são sempre os mesmos: para formar a hélice, A só se junta com T, C só se junta com G. Cada pedaço de DNA capaz de transmitir uma informação – ou, em linguagem técnica, de codificar uma proteína – é um gene. A codificação das proteínas é a chave da formação dos seres vivos. No corpo humano, por exemplo, há mais de 30 mil proteínas que não só constituem a matéria-prima das células, como também compõem substâncias como hormônios e enzimas, que são responsáveis por fazer esse corpo funcionar.

O número de genes que compõem o genoma de cada ser vivo varia muito entre as diferentes espécies. Segundo as últimas estimativas do Projeto Genoma Humano – um consórcio de cientistas de vários países que está mapeando nosso código genético desde 1990 –, os seres humanos têm entre 20 mil e 25 mil genes (derrubando as expectativas iniciais de que possuiríamos 100 mil genes).

Nesse caso, quantidade não é documento. A mosca da fruta, por exemplo, tem 14 mil genes, enquanto as plantas têm normalmente entre 20 mil e 30 mil. Em outras palavras, não é a quantidade de genes que determina a complexidade de um ser vivo, e sim a capacidade desses genes para "dar ordens" para que as substâncias químicas que compõem o ser se organizem a fim de formar uma pessoa, uma batata ou uma minhoca. Sutis diferenças também são fundamentais – o genoma (o conjunto dos genes que formam o material genético de uma espécie) dos humanos, composto por 3 bilhões de pares de bases, é apenas 4% diferente do genoma do chimpanzé. E nem mesmo os cientistas que mapearam o código genético do chimpanzé, concluído em agosto de 2005, conseguem enxergar onde estão as diferenças que fazem com que esses animais consigam fazer macaquices no zoológico enquanto nós, humanos, somos capazes de escrever e interpretar peças de teatro.

É por isso que o DNA é chamado metaforicamente de livro da vida, pois é nas moléculas que o compõe que estão as instruções para construir os seres vivos. Poderíamos comparar os pares de bases (A-T, C-G) às letras de um alfabeto. A combinação das letras forma uma palavra que tem um determinado sentido – o gene. Cada ser vivo tem um conjunto específico de genes, que seriam as palavras formadoras de um texto. Por isso, embora as letras (A-T, C-G) sejam as mesmas para todos (literalmente), as combinações das letras em "palavras" e os "textos" resultantes dessas combinações são bastante diferentes. Ainda comparando aos livros, diríamos que a complexidade de um ser humano equivaleria a um romance de José Saramago, o escritor português ganhador do prêmio Nobel de Literatura. Já uma bactéria usa o mesmo vocabulário para produzir um gibi de quinta categoria.

É com toda essa complexidade que lidam os pesquisadores que desenvolvem os tão comentados transgênicos. Parte da sociedade e dos próprios cientistas acha que eles serão a salvação da lavoura e até de problemas mais complexos. Outros garantem que os riscos são muito maiores que as vantagens. Colocando na balança, os transgênicos deveriam permanecer dentro do laboratório. Cada um tem sua razão, que será explicada nas próximas páginas.

1

Genética e melhoramentos clássicos

Selecionar e misturar intencionalmente genes de organismos vivos, buscando obter um determinado resultado, não é uma descoberta do século XX. A agricultura, que teve origem há cerca de 11 mil anos na região chamada Crescente Fértil (que hoje engloba Israel, Líbano, partes da Jordânia, Iraque, Síria e o sudoeste da Turquia), desenvolveu-se à base da domesticação de plantas selvagens, ou seja, da adaptação daquelas plantas às regiões onde eram cultivadas. Selecionando as sementes das que apresentavam maior produtividade, melhor sabor ou tinham uma quantidade menor de características indesejáveis, como espinhos, os primeiros agricultores, mesmo sem saber, já estavam dando os primeiros passos para o melhoramento genético.

No século XIX, o monge austríaco Gregor Mendel (1822-1884), enquanto realizava experimentos com ervilhas, descobriu a hereditariedade, ou seja, a transferência das características para os descendentes. Cruzando diferentes variedades de ervilha, Mendel estabeleceu algumas leis da hereditariedade e intuiu que as características eram transmitidas por pequenas unidades que se mantinham intactas de uma geração para a outra – eram os genes, embora ele não tivesse usado esse termo ainda. A palavra "gene" foi empregada pela primeira vez pelo botânico dinamarquês Wilhelm Johannsen, em 1909.

Ao longo do século XX, os melhoramentos genéticos clássicos foram largamente utilizados para aumentar a qualidade e a produtividade das plantas, além de obter variedades com características como maior resistência à seca ou a fungos, vírus e bactérias. Isso é conseguido, por exemplo, com o cruzamento de uma variedade altamente produtiva, mas pouco resistente a um fungo, com outra variedade resistente ao tal fungo, mas de baixo rendimento. Esses cruzamentos entre diferentes variedades da mesma espécie é um processo demorado e aleatório de melhoramento genético, em que nem sempre são obtidos os resultados esperados porque não há muito controle.

Outras técnicas permitem a criação e o cultivo em laboratório de plantas híbridas, frutos de cruzamentos que jamais ocorreriam na natureza. Assim, pode-se fazer a fusão do genoma de duas espécies diferentes, mas de certa forma "parentes distantes", como trigo e centeio. Ou, então, provocar mutações genéticas (utilizando radiação ou substâncias químicas, por exemplo) em determinada planta e esperar que essas mutações resultem em características desejáveis para a agricultura.

Todas as plantas cultivadas atualmente em escala

comercial são resultado de séculos de melhoramentos genéticos. Em todos esses métodos clássicos utilizados até hoje, nunca se sabe ao certo quais genes foram introduzidos nas novas plantas. Sabe-se, apenas, que esses genes pertencem à mesma espécie da planta original ou a espécies muito próximas. Com a engenharia genética, entretanto, essa barreira foi quebrada.

Transgênicos: modo de fazer

A porta para a manipulação direta dos genes começou a se abrir em 1953, quando dois cientistas, o britânico Francis Crick (1916-2004) e o americano James Watson (1928-), descobriram a estrutura de dupla hélice do DNA. Dez anos mais tarde, Crick e o também britânico Sidney Brenner (1927-) desvendaram a estrutura de transmissão de informações pelo código genético, ou seja, o processo pelo qual um gene ordena a produção de determinadas proteínas, a chave para o funcionamento de qualquer organismo.

Como o DNA de todos os seres vivos é composto das mesmas substâncias, não demorou muito até que alguém conseguisse cortar um pedaço de um para encaixar em outro. Isso aconteceu em 1973, quando os geneticistas norte-americanos Stanley Cohen e Herbert Boyer inseriram o gene de um sapo em uma bactéria. Nascia ali a engenharia genética. Pela primeira vez, a barreira da transferência de genes entre espécies tão diferentes foi quebrada.

Na natureza, a transferência de material genético só acontece de pai para filho, o que é chamado de transferência vertical. A horizontal, de um organismo para outro, é raríssima, e costuma acontecer apenas entre microrganismos. Um dos microrganismos que consegue fazer isso é a *Agrobacterium tumefaciens*, uma bactéria que ataca plantas fazendo com que desenvolvam uma espécie de tumor. Essa bactéria injeta nas plantas infectadas um plasmídeo, que é uma molécula de DNA.

Os cientistas resolveram usar essa bactéria para criar transgênicos. A agrobactéria funciona como um vetor, ou seja, como meio de transporte do novo gene para dentro de células de outra espécie. Para fazer isso, primeiro é preciso detectar e isolar o gene que se busca transferir. Grosso modo, esse gene é cortado com "tesouras químicas" (as chamadas enzimas de restrição) e inserido sem maiores problemas no genoma da agrobactéria. Em laboratório, essa agrobactéria é colocada junto a células da planta para a qual se quer transferir o novo gene. A agrobactéria faz o que está acostumada a fazer na natureza: injeta nas células da planta seu genoma modificado. As células da planta, já com o novo gene, serão cultivadas e darão origem a um vegetal transgênico.

Outro método também muito utilizado é a chamada biobalística, ou seja, o bombardeamento de células do vegetal que se quer modificar com partículas do DNA que deve ser inserido nelas. Em altíssima velocidade, essas partículas de DNA são lançadas por uma espécie de metralhadora altamente tecnológica e penetram no núcleo das células vegetais, incorporando-se a seu genoma.

É basicamente usando um desses dois métodos que são criados, portanto, os vegetais transgênicos, aqueles que carregam em seu genoma um ou mais genes de espécies completamente diferentes das suas, e que jamais fariam parte desse organismo por métodos naturais.

Alguns pesquisadores afirmam que a engenharia genética é apenas uma evolução das técnicas usadas por nossos ancestrais. "Essa ciência é uma continuação no processo de melhoramento genético iniciado há séculos, e tem permitido que resultados impossíveis pelos métodos convencionais possam ser obtidos", diz Francisco Aragão, pesquisador responsável pelo Laboratório de Transferência e Expressão de Genes da Empresa Brasileira de Pesquisa Agropecuária (Embrapa). Outros discordam. "Sim, do ponto de vista das técnicas, é uma evolução do melhoramento clássico. Só que o melhoramento clássico não permite romper a barreira das espécies", afirma Miguel Pedro Guerra, professor do programa de pós-graduação em Recursos Genéticos da Universidade Federal de Santa Catarina.

Contando assim, de maneira simplificada, dá a impressão de que a transferência de genes por engenharia genética é um processo preciso e controlado, como retirar um tijolinho de uma casa e colocar em outra.

Mas isso é só impressão. Em comparação ao melhoramento clássico feito por cruzamentos, quando não se tinha idéia de quais genes passavam para os descendentes, a exatidão é bem maior, pois agora se escolhe o gene a ser transferido, o chamado transgene. Só que, seja qual for o método usado (agrobactéria como vetor ou biobalística), é muito difícil ter certeza de que o transgene "pegou", ou seja, de que ele se incorporou ao genoma da planta.

Essa é só a primeira encrenca. A segunda é que, mesmo que o transgene "pegue" no novo genoma, não se sabe exatamente onde ele vai parar. "Assim, não sabemos também o que esse novo gene vai promover na interação com os outros genes já existentes", conta Guerra. "Você não diz ao transgene para se instalar entre determinada seqüência do DNA nem para que ele faça só aquilo para que foi programado."

Como já vimos, os genes emitem ordens para a codificação das proteínas necessárias à construção e ao funcionamento dos organismos vivos. Qualquer alteração nessa seqüência pode produzir efeitos inesperados. Voltando à comparação do código genético com um livro, é como se em determinado volume fossem inseridas algumas palavras aleatoriamente. Talvez elas caíssem em algum lugar onde não fizessem o menor sentido e por isso passassem despercebidas. Também poderiam parar numa página na qual acrescentassem um texto que não estava presente no original – e isso era exatamente o que se esperava delas. Existe a possibilidade, porém, de que caíssem numa página na qual alterariam completamente o sentido do texto. Com os genes, é a mesma coisa. Essa incerteza é apenas um aspecto da extensa polêmica que envolve a criação e a comercialização dos transgênicos em todo o mundo, polarizada entre os que vêem esses organismos geneticamente modificados como uma poderosa promessa e aqueles que os julgam uma enorme ameaça.

2

Para que servem os transgênicos

Se considerarmos a biotecnologia como o uso de organismos vivos em processos de produção ou fabricação de algo, ela é bem antiga. Existe há milhares de anos, quando o homem descobriu como usar alguns microrganismos, como leveduras, para a fermentação e a produção de pão, cerveja e vinho.

Há quase quatro décadas, entretanto, desde que a engenharia genética tornou possível inserir um gene de uma espécie no genoma de outra completamente diferente, a biotecnologia moderna rompeu barreiras até então intransponíveis. Com isso, permitiu a fabricação de produtos muito difíceis de obter, como alguns medicamentos e enzimas usadas na indústria alimentícia. Ao mesmo tempo, permitiu também a criação das plantas transgênicas com características inéditas, como a de resistir a insetos. Veja a seguir o que já está sendo produzido e o que ainda será obtido pela criação de organismos geneticamente modificados.

Os remédios biotecnológicos

Até 1982, a produção de insulina, hormônio que parte dos diabéticos precisa tomar diariamente para controlar a doença, era cara e difícil. A insulina era extraída do pâncreas de bois e porcos, do qual se obtinha um hormônio semelhante, mas não igual ao produzido pelo pâncreas dos seres humanos. Além de ser insuficiente para atender à demanda, essa insulina podia provocar reações alérgicas. A partir de 1982, a engenharia genética permitiu a fabricação de insulina em larga escala, barateando o produto e facilitando o acesso ao medicamento a um número muito maior de pessoas.

Isso foi conseguido quando o gene responsável pela produção de insulina foi isolado e inserido em uma bactéria, que virou transgênica. Dentro de um tanque de fermentação, a bactéria fabrica insulina à medida que se reproduz. O hormônio é então purificado e está pronto para ser usado como medicamento pelos diabéticos.

Da mesma forma, o hormônio do crescimento, necessário a crianças que têm uma dificuldade patológica de crescer, também não era fácil de ser conseguido – era extraído da hipófise de cadáveres. Hoje, assim como a insulina, é produzido em larga escala por um microrganismo transgênico. A lista de remédios obtidos com essa técnica vai longe: fator de coagulação para hemofílicos; interferon humano; vacinas; proteínas usadas em suplementos alimentares, como o triptofano e a lisina, esta última muito empregada em ração para animais. Já são mais de quatrocentos produtos médicos obtidos a partir de microrganismos transgênicos.

Contra esses transgênicos, nem mesmo o Greenpeace – organização não-governamental que faz as campanhas mais barulhentas contra o cultivo de plantas transgênicas – se levanta. É porque não há motivo. "O Greenpeace é a favor do uso de organismos transgênicos em ambiente confinado para a produção de enzimas e medicamentos", atesta o engenheiro agrônomo Ventura Barbero, um dos coordenadores da campanha de engenharia genética da ONG. "Nesse tipo de uso, os microrganismos ficam restritos a um ambiente industrial e não entram em contato com o ser humano nem com o meio ambiente. Além disso, o produto derivado do processo é uma substância química avaliada pelos rígidos protocolos de segurança da indústria farmacêutica."

Há um transgênico por trás do seu misto-quente

Assim como defende a obtenção de medicamentos a partir de microrganismos transgênicos, o Greenpeace também admite que eles produzam enzimas – e estas não vão parar nas farmácias, e sim nas prateleiras dos supermercados, pois são amplamente utilizadas pela indústria alimentícia e pela de produtos de limpeza.

Uma das enzimas preferidas das indústrias é a quimosina, usada na produção de queijos. A quimosina nada mais é que o coalho. Ela permite a coagulação da caseína, a proteína do leite, fazendo então com que se solidifique e vire queijo. O problema é que, até a década de 1970, a quimosina era extraída do estômago de bezerros que haviam sido alimentados exclusivamente com leite. Assim, obtinha-se uma quimosina pura. Obviamente, era preciso matar o pobre do bezerro e abrir suas entranhas para tirar a tal enzima de lá. Além da crueldade implícita, não havia quimosina que chegasse para a indústria de laticínios. A quimosina também pode ser extraída do estômago de bois, mas, nesse caso, como o boi já não bebe leite e se alimenta de pasto ou ração, essa enzima vem misturada com a pepsina, o que resulta num queijo com sabor amargo.

Os bezerrinhos começaram a se ver livres dos matadouros no início da década de 1980. A nascente engenharia genética permitiu que se isolasse o gene da quimosina do bezerro, que foi inserida em uma levedura do leite. "A levedura secreta a quimosina em seu meio de cultura e é então purificada, ou seja, separada da levedura e do restante", explica a engenheira agrônoma especialista em genética Alda Lerayer, secretária executiva do Conselho de Informações sobre Biotecnologia (CIB, uma ONG mantida por recursos vindos das indústrias da área de biotecnologia). Além de pura, essa quimosina obtida por microrganismos geneticamente modificados é bem mais eficiente do que a de origem animal na coagulação da proteína do leite.

As enzimas se tornaram as estrelas dos produtos obtidos por microrganismos transgênicos, pois são empregadas em vários tipos de indústria. Os sabões em pó que prometem lavar mais branco, por exemplo, usam enzimas lipolíticas, que degradam a gordura e facilitam a ação do sabão. Na indústria alimentícia, a lista de enzimas que fazem parte da linha de produção é grande. Todos os pães industriais levam várias enzimas provenientes de microrganismos transgênicos. Uma delas torna o glúten mais flexível, deixando o pão mais macio. Outra faz com que o pão fique mais brilhante e não endureça de um dia para o outro. Nos sucos de fruta, as enzimas degradam os restos de polpa, deixando-os assim livres de resíduos.

A grande diferença entre os alimentos que contêm enzimas produzidas por microrganismos geneticamente modificados e os que contêm produtos derivados de plantas transgênicas, como soja e milho, é o que vai parar em sua boca. "A enzima, depois de produzida a partir de um microrganismo transgênico, não carrega nenhuma célula dele, muito menos pedaços de seu DNA", afirma Alda Lerayer. Já no caso do milho resistente a insetos, ou da soja tolerante a herbicidas, que adquirem essas características graças a um gene "importado", é diferente. Se você comer um grão de um deles, estará ingerindo os genes estrangeiros que foram implantados lá.

As vantagens das plantas transgênicas

As plantas transgênicas são usadas por agricultores em várias partes do mundo desde meados dos anos 1990.

Os principais cultivos são de soja, milho, algodão e canola, embora tenham chegado ao mercado com menos sucesso também algumas variedades de batata, abobrinha, arroz, beterraba, tomate e papaia. Estima-se que em 2004 as plantações de transgênicos tenham ultrapassado os 80 milhões de hectares em todo o mundo, o que significa 4% de toda a área cultivada no planeta. Os cultivos transgênicos estão presentes em dezessete países, ainda que os cinco primeiros da lista respondam por 96% da área plantada. O primeiro do *ranking* são os Estados Unidos (59%). Depois vêm Argentina (20%) e Canadá (6%). O Brasil está em quarto lugar, com 6% da área total ocupada por plantas transgênicas.

A primeira geração de plantas transgênicas é justamente essa que está no mercado mundial há cerca de dez anos. As principais características dessas pioneiras são a tolerância a herbicida (ou seja, com o uso do produto químico, a erva daninha que se espalha pelo campo morre, mas a cultura principal continua lá, firme) e a resistência a insetos. Apenas a soja, o milho e o algodão tolerantes a herbicidas representam 72% de toda a área mundial plantada com culturas transgênicas. Já o algodão e o milho resistentes a insetos somam 20% da área. Plantas que apresentam as duas características juntas, como algumas variedades de algodão e milho, respondem por 8% do total. Os outros transgênicos, como abobrinha, batata e papaia resistentes a vírus são cultivados em tão pequena escala que nem aparecem nas estatísticas. O *Flavr Savr*, um tomate geneticamente modificado para ter seu amadurecimento retardado e resistir mais tempo depois de colhido, chegou a ser lançado nos Estados Unidos há pouco mais de uma década. Entretanto, o fracasso comercial fez com que fosse retirado do mercado em 1997.

A soja é a campeã mundial entre as plantas transgênicas: 60% da área plantada é ocupada por essa cultura. Em segundo lugar vem o milho, com 23% da área. A soja transgênica foi criada pela Monsanto – empresa norte-americana – para tolerar o herbicida Roundup, à base de glifosato, desenvolvido pela própria Monsanto. Essa soja também é conhecida pelo nome de RR, ou Roundup Ready (ou seja, pronta para o Roundup). A patente do glifosato venceu no ano 2000, e desde então há vários genéricos de glifosato no mercado além do Roundup. "A Monsanto desenvolveu a soja Roundup Ready, na década de 1980, com o objetivo de trazer melhores soluções ao produtor, tornando o manejo mais fácil e eficiente. Sua característica de tolerância a herbicidas à base de glifosato permite o controle eficaz e seguro das plantas daninhas, sem afetar o desenvolvimento da soja", afirma Lúcio Pedro Mocsányi, diretor de comunicação da Monsanto do Brasil.

O glifosato é o herbicida mais vendido no mundo e tem uma ação devastadora – mata qualquer planta sobre a qual for aplicado. Normalmente é usado para livrar de ervas daninhas o terreno a ser cultivado, só que isso tem de ser feito antes do plantio. Do contrário, extermina não só as ervas daninhas como as plantas já crescidas. A soja RR é transgênica porque recebeu um pacote de vários genes de outras plantas e bactérias, mas um deles em especial a faz produzir uma enzima que a torna tolerante ao glifosato. Assim, o agricultor pode plantar a soja e só depois aplicar o herbicida para exterminar as ervas daninhas. A soja RR sobreviverá.

Segundo a Monsanto brasileira, a grande vantagem dessa soja é a diminuição do uso de herbicidas, já que são necessárias menos aplicações para a eliminação das ervas daninhas. Para Jorge Rodrigues, presidente da Comissão de Grãos da Federação da Agricultura do Rio Grande do Sul (Farsul), isso realmente aconteceu naquele estado, onde hoje 90% da soja plantada é transgênica. Ele apresenta os cálculos: "no plantio da soja convencional, usa-se cerca de oito litros de herbicida por hectare para combate às ervas daninhas. Isso representa um custo hoje de 250 reais por hectare. Na soja transgênica, aplica-se entre três e 3,5 litros de glifosato por hectare, com custo em torno de 45 a cinqüenta reais por hectare". Além dessa diminuição direta do gasto com herbicida, segundo Rodrigues, o agricultor reduz a quantidade de aplicações, o que faz com que economize trabalho e combustível das máquinas aplicadoras.

Embora o plantio de soja transgênica estivesse proibido no Brasil, até que fossem liberadas por medidas provisórias editadas desde 2003, no governo do presidente Luiz Inácio Lula da Silva, sementes de soja RR entraram no Rio Grande do Sul contrabandeadas da Argentina. Enquanto o plantio era ilegal, os agricultores não precisavam pagar *royalties* pelo uso das sementes à Monsanto, que é a dona das patentes. A partir da edição das medidas provisórias, os agricultores passaram a ser obrigados a pagar os *royalties*. Ainda assim, de acordo com Jorge Rodrigues, continua valendo a pena plantar a soja transgênica. "Além da diminuição dos custos, a eficiência no combate às ervas daninhas, que competem com a soja pelos nutrientes do solo, tem garantido uma produtividade entre 15% e 20% superior", afirma.

O caso da soja RR brasileira mostra duas das propaladas vantagens das plantas transgênicas. Uma delas é o menor uso de defensivos químicos, nesse caso o herbicida, o que traz menos danos ao meio ambiente. A outra é a maior produtividade obtida pela diminuição das perdas, o que é conseguido com a eliminação das ervas daninhas.

A segunda planta transgênica campeã de cultivo, o milho, segue a mesma lógica. No caso das lavouras de milho, o maior problema é o ataque de vários tipos de insetos, que comem as folhas e destroem as plantas. É preciso, portanto, borrifar inseticida sobre os cultivos para exterminar os insetos. A solução da biotecnologia para enfrentar essa praga foi inventar um pé de milho que produz seu próprio inseticida. A fonte inspiradora – e também dos genes – foi a bactéria *Bacillus thuringiensis*, ou simplesmente Bt, normalmente encontrada no solo. Essa bactéria produz uma toxina letal aos insetos e é usada inclusive na agricultura orgânica, por meio de uma solução pulverizada sobre as plantas, para o controle biológico das pragas.

A engenharia genética foi mais longe. O gene da Bt que produz a toxina foi isolado e inserido no genoma do milho. Em algumas das variedades transgênicas, a toxina é produzida apenas nas folhas; em outras, é produzida também nos grãos. Existem diversos tipos de milho Bt porque cada um é mais eficiente para determinado inseto. Na hora em que o bicho desavisado invade a plantação de milho e come um pedaço da folha, engole junto a toxina Bt e morre. Assim, não é preciso borrifar tanto inseticida sobre o cultivo. Além disso, como diminui o ataque das pragas, as perdas de plantas são menores e a produtividade aumenta.

A segunda e a terceira gerações vêm aí

A segunda geração de plantas transgênicas promete benefícios diretos não só aos agricultores, mas também aos consumidores finais, ou à sociedade. O objetivo é conseguir alimentos com maior teor de nutrientes ou com menos substâncias indesejáveis, como as que causam alergias. Também estão sendo pesquisadas plantas que suportem melhor os chamados estresses ambientais, como clima seco ou solo salino demais. Dessa forma, será possível plantar alimentos onde hoje os cultivos são praticamente inviáveis ou pouco produtivos.

A Monsanto, por exemplo, tem pesquisas com variedades de canola que tornarão possível a produção de óleos com menor teor de gordura trans, aquela que se descobriu recentemente ser a mais nociva ao coração. Também há estudos para desenvolver soja e milho com maior teor de proteína e Ômega 3, um tipo de gordura que ajuda a diminuir o colesterol. Na Embrapa, estão sendo pesquisados a soja e o feijão de corda tolerantes à seca. Esse tipo de feijão é largamente plantado e consumido na região Nordeste do Brasil. Assim, a tolerância à falta de chuvas pode se tornar uma característica fundamental. "Passa a haver uma chance maior de que o feijão plantado seja colhido", explica Francisco Aragão, pesquisador da Embrapa. "Se as colheitas forem perdidas, colocam-se em risco os empregos dos agricultores e a própria agricultura de subsistência."

O produto mais famoso da segunda geração de transgênicos é o arroz dourado, desenvolvido por dois pesquisadores suíços. A diferença desse arroz em relação ao convencional, além da cor amarelada de seu grão, é que ele produz betacaroteno (precursor da vitamina A) em seus grãos. A variedade foi criada com o objetivo de diminuir os problemas causados pela deficiência de consumo de vitamina A em países pobres, sobretudo os asiáticos, onde o arroz é a base da dieta. Nesses países, segundo a Organização Mundial de Saúde, entre 250 mil e 500 mil crianças ficam cegas todo ano por carência de vitamina A.

A primeira variedade do arroz dourado, entretanto, tinha pouco teor de betacaroteno em seus grãos. Seria preciso comer quase cinco quilos por dia para obter a quantidade necessária ao ser humano. Uma segunda variedade, dessa vez com mais betacaroteno, ainda está em fase de estudos no campo. Esse arroz nunca chegou a ser comercializado nem distribuído.

A terceira geração de plantas transgênicas promete transformá-las em produtoras de remédios – as chamadas biofábricas. Várias plantas, como tabaco, soja, milho e arroz estão sendo modificadas geneticamente para produzir medicamentos como o hormônio de crescimento humano, interferon ou fator de coagulação. Outras substâncias também poderão ser produzidas, como vacinas contra hepatite B e anticorpos usados em testes de detecção de câncer. O método é igual ao da criação das outras plantas transgênicas: isola-se o gene responsável pela produção da substância desejada e usa-se a agrobactéria como meio de transporte para inseri-lo no DNA do vegetal. A planta transgênica passará a produzir o medicamento em suas folhas ou grãos. A planta é então processada, o medicamento é extraído, purificado e está pronto para ser usado.

A grande vantagem dessas plantas é que podem produzir esses medicamentos ou vacinas em maior escala e, conseqüentemente, com custo muito menor. No Brasil, a Embrapa está desenvolvendo uma soja transgênica capaz de fabricar hormônio do crescimento. Esse hormônio, obtido hoje dos microrganismos geneticamente modificados, ainda é muito caro no país. Se for conseguido por meio da soja, o custo cairá sensivelmente.

3

Por que tantos inimigos?

Os benefícios trazidos por microorganismos geneticamente modificados na produção de medicamentos e de enzimas para uso industrial são indiscutíveis. Além disso, a fabricação é controlada e os produtos, sujeitos a avaliações de segurança. Por esse motivo, a biotecnologia empregada dessa forma praticamente não sofre contestações.

Por outro lado, embora o cultivo de plantas transgênicas venha aumentando a cada ano em todo o planeta, sua presença nos campos e nas mesas dos consumidores está longe de ser aceita sem restrições. Pelo contrário, várias organizações não governamentais ao redor do mundo, inclusive no Brasil, declaram-se abertamente contra esse produto da biotecnologia. Os motivos são inúmeros.

Promessas nem sempre cumpridas

A grande promessa da primeira geração de plantas transgênicas era diminuir o uso de defensivos químicos na agricultura. Segundo Lúcio Pedro Mocsányi, diretor de comunicação da Monsanto do Brasil, a empresa criou transgênicos porque "viu na biotecnologia uma oportunidade de produzir alimentos com menos agroquímicos e riscos menores ao ambiente. Afinal, em vez do uso de produtos químicos, como inseticidas, com a biotecnologia a própria planta se torna resistente aos insetos, entre outras características".

Passados cerca de dez anos desde que os cultivos de transgênicos começaram a se espalhar pelo mundo, a pergunta é: o uso de defensivos químicos realmente diminuiu? A resposta: não. Ou melhor, depende. Depende não só de que tipo de planta estamos analisando, mas dos números que se toma como base.

As primeiras plantações de transgênicos surgiram nos Estados Unidos, em 1996. Todos os estudos do Departamento de Agricultura dos Estados Unidos (USDA) que analisaram o impacto dos transgênicos no uso de herbicidas e inseticidas se referem aos três primeiros anos de cultivo. Nesse período, o uso de herbicidas e inseticidas de fato diminuiu. Em 2004, porém, foi divulgado um estudo financiado pela Union of Concerned Scientists (UCS, ou União dos Cientistas Preocupados), uma organização não-governamental norte-americana formada por mais de 100 mil cientistas e cidadãos comuns que defendem causas sociais e ambientais. A pesquisa utilizou dados do próprio USDA, apenas abrangendo um período maior, entre 1996 e 2004.

Eis a conclusão do estudo da UCS: entre 1996 e 1998, o uso de defensivos químicos nos cultivos de transgênicos, nos Estados Unidos, caiu em 20 milhões de libras. A boa notícia acaba aí. A má notícia é que, entre 1999 e 2004, o uso dessas substâncias cresceu em 143 milhões de libras. No total, a soja, o milho e o algodão transgênicos levaram a um aumento de 122 milhões de libras no consumo de defensivos químicos (entre herbicidas e inseticidas), crescimento equivalente a 4,1%.

A má notícia continua quando os números são destrinchados. Percebe-se que o milho e o algodão Bt, resistentes a insetos, foram responsáveis pela diminuição de 15,6 milhões de libras no consumo de inseticidas durante todo esse período. Por outro lado, os cultivos tolerantes a herbicida (milho, algodão e, sobretudo, a soja) aumentaram o uso dessa substância em 138 milhões de libras.

O que deu errado? O problema é que as plantas tolerantes a herbicida (normalmente ao glifosato) são maioria – correspondem a 73% da área ocupada por transgênicos em solo americano. Ou seja, a tendência é que o uso dos herbicidas nas lavouras transgênicas cresça cada vez mais. Isso acontece, segundo o estudo da UCS, porque as ervas daninhas, que deveriam ser exterminadas pelo herbicida, desenvolveram resistência a ele.

E nem dá para dizer que isso foi uma surpresa. "Qualquer estudante de agronomia sabe que aplicar sempre o mesmo produto químico sobre uma planta faz com que ela adquira resistência", explica Miguel Pedro Guerra, da Universidade Federal de Santa Catarina. Como o glifosato mata indiscriminadamente qualquer planta, os agricultores não se preocuparam em variar o tipo de herbicida que usavam para aniquilar as ervas daninhas. Resultado: quando surgem as ervas daninhas resistentes, é preciso recorrer a doses cada vez maiores de glifosato, ou então usar outros tipos de herbicida, e por isso o consumo cresce constantemente. A situação fica ainda pior quando o pólen e as sementes dessas plantas resistentes, que nascem esporadicamente aqui e ali, começam a ser espalhados pelo vento, contaminando os campos próximos.

Ainda segundo o estudo da UCS, o futuro não parece promissor. As plantas tolerantes a glifosato são muito populares entre os agricultores norte-americanos (85% da soja daquele país é transgênica), o que significa que eles não vão abandoná-las tão cedo. Mesmo que quisessem, não há muitas sementes de plantas convencionais, não transgênicas, à disposição no mercado. Além disso, os fabricantes de glifosato concorrem entre si oferecendo preços cada vez mais baixos.

A experiência dos cultivos de plantas tolerantes a herbicida nos Estados Unidos mostra um descaso com o manejo dos riscos inerentes a elas – o surgimento de superervas daninhas, imunes ao glifosato, é um deles. No caso das plantações Bt, entretanto, parece que o controle foi mais eficaz, pois o uso de inseticidas de fato caiu. Um dos riscos possíveis era – e ainda é – o aparecimento de insetos resistentes. Isso pode acontecer porque quase todos os insetos alvo da planta Bt morrem ao comer sua folha. Mas um ou outro sempre sobrevive, porque sofreu uma mutaçãozinha qualquer ao nascer que o tornou naturalmente imune àquele tóxico. Como todos os outros morreram, os resistentes só vão cruzar com outros resistentes, e assim criar uma geração inteira de resistentezinhos. Uma das maneiras de evitar que isso aconteça é manter algumas plantas convencionais ao lado das transgênicas, para que insetos não resistentes à toxina Bt se alimentem daquelas e sobrevivam, cruzem com os resistentes e gerem descendentes não tão resistentezinhos assim.

Quando são avaliadas as plantações de algodão, que têm tanto variedades tolerantes a herbicidas como resistentes a insetos, percebe-se claramente a diferença dos resultados. Em nove anos, os cultivos de algodão transgênico empregaram 26,8 milhões de libras de herbicidas a mais do que se a mesma área tivesse sido cultivada com algodão convencional. Em contrapartida, o algodão Bt reduziu o uso de inseticidas em 11 milhões de libras.

Os benefícios da soja tolerante a herbicida são claros numa condição específica: quando os campos cultivados estão infestados de ervas daninhas. É por isso que, no Brasil, a entrada das sementes de soja RR no Rio Grande do Sul, mesmo que via contrabando, caiu como uma luva. "No início, o efeito da soja transgênica nas lavouras do Rio Grande do Sul deve ter sido muito bom. Lá, a agricultura da soja tem baixa eficiência por causa da grande quantidade de plantas invasoras", conta o economista Jean Marc von der Weid, coordenador de políticas públicas da AS-PTA (Assessoria e Serviços a Projetos em Agricultura Alternativa), uma organização não-governamental que assessora pequenos agricultores no desenvolvimento da agroecologia e promove a Campanha Brasil Livre de Transgênicos.

Segundo um estudo feito pela Embrapa Soja, só vale a pena plantar soja transgênica no Brasil em campos muito infestados de ervas daninhas, caso do Rio Grande do Sul. No Centro-Oeste, como o problema é menos acentuado, não é necessário usar tanto herbicida. Assim, não compensaria ao agricultor gastar mais com a semente RR (que é mais cara do que a convencional) nem com os *royalties* devidos à Monsanto, já que a economia de herbicida não seria tão grande.

Se resolveram o problema dos campos infestados por ervas daninhas, as sementes contrabandeadas principalmente da Argentina (também conhecidas por "maradona", uma referência ao ex-craque do futebol argentino) criaram outros, pois as variedades vendidas naquele país não foram adaptadas ao clima brasileiro. Há uma outra característica própria da soja RR decorrente de sua natureza transgênica. Embora seja quase igual à soja convencional, o pacote de genes estrangeiros inseridos nela provoca um efeito colateral inesperado: ela produz mais lignina, o que faz com que a planta fique mais fibrosa, menos flexível. "Em temperaturas muito altas, a falta de flexibilidade faz com que a haste da planta rache e, no geral, ela morre. A cada veranico no Rio Grande do Sul, a soja transgênica vai para o espaço", conta Jean Marc. A seca de 2005 foi devastadora e, em alguns lugares, a perda de safra da soja gaúcha chegou a 75%.

Segundo Francisco Aragão, da Embrapa, é por esse motivo que devem ser desenvolvidas variedades adaptadas a cada região – trabalho que a Embrapa realiza continuamente para várias plantas cultivadas no Brasil. E deve começar a fazer também com a soja transgênica. "É arriscado para a agricultura o plantio de um grão de baixa qualidade, sem assistência técnica para o agricultor, sem que ele conheça o sistema de manejo ideal dos herbicidas, e foi nesse risco que o Brasil embarcou por seis anos", afirma Aragão. "Se a soja transgênica tivesse sido adaptada pela Embrapa, não teria havido tantas perdas com a seca momentânea no Sul."

Os riscos ao ambiente

É simples e direto: "o Greenpeace é contra a liberação de organismos transgênicos no meio ambiente pelo risco que eles trazem para a biodiversidade", afirma Ventura Barbero, um dos coordenadores da campanha de engenharia genética da ONG. "Os problemas já observados até hoje nas áreas de plantio de transgênicos, a falta de estudos científicos e a recusa das empresas de biotecnologia em realizar os estudos de impactos ambientais formam a base de sustentação dessa posição contrária."

As barulhentas campanhas contra os transgênicos promovidas pelo Greenpeace têm como pano de fundo o risco que essas plantas trazem ao meio ambiente. E, de fato, não são poucos. Eliana Fontes, pesquisadora da Embrapa Recursos Genéticos e Biotecnologia e líder do projeto sobre biossegurança do algodão transgênico, divide esses riscos em quatro itens principais:

Fluxo de genes. As plantas cruzam umas com as outras por meio do pólen ou se reproduzem por meio de sementes. O fluxo dos genes significa a troca genética entre as plantas por intermédio desses cruzamentos. Um dos riscos, nesse caso, é de uma plantação de transgênicos contaminar outra convencional que fica ao lado dela por meio do pólen carregado pelo vento ou por insetos. É um risco baixo no caso da soja, uma planta de autofecundação (ou seja, um pé não precisa cruzar com outro para gerar novas mudas), mas altíssimo no milho, cujo pólen pode fecundar outra planta dezenas de metros distante.

A maior ameaça, porém, está no cruzamento dos transgênicos com parentes silvestres, contaminando assim plantas nativas. O perigo cresce ainda mais quando os transgênicos são cultivados nos chamados centros de origem das plantas, ou seja, o lugar do mundo onde aquela espécie nasceu. A soja, por exemplo, veio para o Brasil importada da China, e não tem parentes silvestres por aqui. Não sofre, portanto, uma grande ameaça. Já o algodão tem no Brasil seu centro de origem. Se os transgênicos contaminarem os parentes silvestres, pode-se perder essa variedade nativa e o patrimônio genético que ela carrega. Outras espécies que surgiram no Brasil e têm parentes silvestres são, por exemplo, a mandioca, o amendoim e o abacaxi. Algumas culturas como arroz, feijão, batata e mamão não são originárias daqui, mas se adaptaram, evoluíram e deram origem a novas variedades. Em todos esses casos, antes de autorizar o cultivo, é preciso avaliar qual é a chance de que a variedade transgênica contamine os parentes silvestres.

Impacto sobre a biodiversidade ou sobre organismos não alvo. A planta transgênica é criada com um determinado fim – pode carregar uma toxina para matar insetos, por exemplo, ou ser resistente a um determinado vírus que a ataca. O problema surge quando outros bichos, que não tinham nada a ver com a história, também são afetados. Um exemplo é o milho Bt, desenvolvido para matar os insetos predadores, como as lagartas. Ele poderia atingir também os insetos não alvo, como os polinizadores (abelhas e outros que comem pólen e néctar). Ou, ao dizimar toda uma população de insetos naquela lavoura, deixar à míngua também os predadores daquele inseto, que vão morrer de fome.

Impactos da transformação gênica. Ao se inserir pedaços de genes estrangeiros – os transgenes – em determinado genoma, pode haver um rearranjo na seqüência de genes e, conseqüentemente, uma mudança no efeito que causam. Assim, a planta transgênica pode apresentar características diferentes de seus parentes convencionais – como no caso da soja transgênica menos resistente à seca.

Surgimento de resistência, ou aparecimento de superervas daninhas ou superpragas. No caso das plantas transgênicas tolerantes a herbicidas, as superervas daninhas podem surgir de duas maneiras. Uma delas aconteceu nos Estados Unidos, onde o uso continuado e excessivo do mesmo herbicida, o glifosato, provocou o aparecimento de ervas daninhas resistentes a ele. Outra possibilidade é que algumas plantas, parentes das cultivadas, adquiram também a resistência por meio de cruzamentos. No caso dos transgênicos Bt, que produzem toxinas capazes de matar os insetos, o perigo é o surgimento de gerações de insetos resistentes. Isso seria péssimo não só para a lavoura em si, mas para toda a agricultura. "A toxina da bactéria Bt é usada como pesticida biológico por agricultores orgânicos. Se os insetos se tornarem resistentes a ela, perde-se esse recurso biológico insubstituível", afirma Eliana Fontes.

Como tudo depende do tipo de planta e da mudança genética que ela sofreu, Eliana Fontes, da Embrapa, cita um exemplo do que poderia se tornar um desastre: o arroz. "O arroz tem uma produção enorme de sementes pequenas que se dispersam com uma facilidade incrível, além da característica de colonizar rapidamente vários ambientes", explica Eliana. Esse cereal é cultivado em terras alagadas, mas alguém poderia ter a idéia de desenvolver um arroz transgênico tolerante à seca. Se essa característica passar para o arroz vermelho, a maior erva daninha do arroz no Brasil, seria bem provável que ele começasse a se espalhar por campos onde hoje não cresce por falta de umidade e se tornasse invasor também de outras culturas e de outros ambientes. Se acontecerem casos assim, vai ser difícil conter o organismo vivo transgênico solto por aí.

"Uma contaminação biológica é impossível de segurar", atesta Eliana Fontes. Produtos químicos poluentes uma hora desaparecem da natureza, nem que leve quarenta ou cinqüenta anos. "Mas uma planta ou microrganismo produz descendentes, esses descendentes perpetuam a característica adquirida e a dispersam. Não há como ir atrás e recolher tudo, nem há como fazer uma barreira para isolar uma área", avalia Eliana. Ou seja, na natureza não há *recall* dos produtos que deram errado, como é possível fazer com um modelo de carro que apresente defeito.

Isso, no entanto, não significa o apocalipse. Já houve histórias piores no mundo, quando plantas ou animais foram introduzidos em outros países ou continentes e provocaram verdadeiros estragos ambientais. "Espécies exóticas são bem mais problemáticas, porque não conhecemos seu potencial de impacto. Mas, com relação a plantas cultivadas, temos familiaridade com seu comportamento e sabemos o que esperar", avisa Eliana.

A necessidade de avaliação dos impactos ambientais dos transgênicos é um consenso entre os que defendem e os que atacam essa tecnologia. Parece fácil, portanto, chegar a um acordo. Mas só parece, pois muitas vezes as próprias pesquisas científicas contradizem umas às outras.

Um caso clássico sobre a incerteza desses estudos envolve o milho Bt e um tipo de borboleta norte-americana chamada monarca. O milho Bt contém a toxina letal a alguns tipos de insetos, entre eles a lagarta. Na fase inicial de sua vida, a borboleta também está em forma de lagarta, mas não se alimenta nem de milho, nem de algodão, portanto não deveria haver perigo. Entretanto, em 1999, a revista científica inglesa *Nature* publicou uma pesquisa apontando possíveis danos causados pelas plantações de milho Bt às lagartas que depois virariam borboletas. A pesquisa tinha sido feita em laboratório, onde elas foram alimentadas de três maneiras: com plantas aspergidas com pólen de milho Bt, com plantas aspergidas com pólen de milho convencional e com plantas sem nenhum pólen. O resultado do estudo mostrou que as lagartas de borboleta que haviam comido plantas com pólen transgênico haviam crescido menos e tinham menos chance de sobreviver na fase adulta.

Embora tenha virado bandeira de campanhas antitransgênicos, o estudo foi muito criticado (embora a

Nature seja uma revista conceituadíssima no meio científico), entre outros motivos, porque não reproduzia as condições reais do ambiente e porque não especificava a quantidade de pólen que as lagartas haviam ingerido. Um ano depois, outro estudo confirmou esses resultados, dessa vez usando quantidades de pólen transgênico naturalmente encontradas nas plantas que margeiam plantações de milho. Mas, a polêmica estava só começando.

Foi criada então uma comissão de cientistas, reunindo membros de universidades, do departamento de agricultura do governo norte-americano, da UCS e até da Monsanto para pesquisar novamente o impacto do milho Bt nas borboletas. Esse grupo foi financiado por dinheiro proveniente de diversas fontes, inclusive do governo norte-americano, do canadense e das empresas de biotecnologia (como Monsanto e Syngenta). O grupo foi a campo em vários estados norte-americanos e publicou os resultados da pesquisa em 2001. Em resumo, descobriram que a quantidade de pólen transgênico encontrada nas plantas das quais as lagartas da borboleta se alimentam não era suficiente para matá-las, com exceção de um tipo (há vários tipos diferentes de transgênicos Bt). Esse tipo foi então retirado do mercado.

O grupo fez ainda outra descoberta: quando foi aplicado um inseticida comumente usado em plantações de milho não transgênico, quase todas as lagartas da borboleta monarca morreram em menos de uma hora. Ou seja, o inseticida comum era muito mais prejudicial às borboletas do que o milho transgênico. Por fim, calcularam que o risco às borboletas provocado pelo milho Bt não depende só da quantidade de pólen transgênico que voa para outras plantas, mas da chance de que as lagartas das borboletas fiquem expostas a ele. Concluíram, então, ao contrário das duas pesquisas anteriores, que o risco às borboletas é irrelevante.

Transgênicos no seu prato são seguros?

Se você morasse nos Estados Unidos, a chance de já estar consumindo alimentos transgênicos seria de quase 100%. Estima-se que 60% dos produtos vendidos nos supermercados norte-americanos contenham algum ingrediente transgênico em sua composição. Entretanto, como lá a determinação de trazer escrito no rótulo que o alimento contém transgênico não é obrigatória, o consumidor nunca sabe. Mas dá para prever: como quase toda a soja plantada em solo norte-americano é transgênica, possivelmente os derivados – óleo, farelo, lecitina e muitos outros – também o sejam. Da mesma forma, qualquer coisa que leve ou óleo ou farinha de milho em sua composição – como aqueles tradicionais salgadinhos à base de milho – provavelmente é transgênica. Entretanto, tanto o milho enlatado como a pipoca são geralmente produzidos com milho convencional.

No Brasil, apenas a soja transgênica é cultivada, ocupando cerca de 22% das plantações de soja no país.

Grande parte dos grãos é destinada à fabricação de ração para animais. Outra parte vai para a indústria alimentícia principalmente na forma de óleo, farelo e lecitina. Qual o problema, afinal, em comer transgênicos? Na verdade, o problema não está em comer um pedaço de DNA "extra" que foi inserido em uma planta, e sim nas mudanças que esse gene estranho produziu nela. A introdução do novo gene pode alterar a expressão genética daquele vegetal e fazer com que ele produza substâncias até então inexistentes ali, ou cuja expressão estava "adormecida".

Os dois maiores riscos são que essa planta geneticamente modificada produza substâncias tóxicas ou que provoquem alergias. Todas as plantas têm naturalmente algumas substâncias nocivas, que servem para sua defesa, como a solanina das batatas. O perigo é que a alteração no DNA da planta interfira na produção dessas substâncias, tornando os vegetais muito mais tóxicos. É bom lembrar que não só a introdução de um transgene por engenharia genética pode causar essas alterações. Melhoramentos genéticos clássicos também já foram responsáveis pelo aparecimento de efeitos inesperados nos vegetais. A avaliação de riscos toxicológicos segue os mesmos procedimentos que são feitos em relação, por exemplo, a aditivos alimentares ou pesticidas, analisando-se qual o possível dano e qual a quantidade máxima aceitável para o organismo humano.

A maior preocupação, porém, é a chance de alimentos geneticamente modificados causarem alergias.

Quase todas as alergias são provocadas por um grupo reduzido: soja, amendoim, leite de vaca, trigo, ovos, castanha-do-pará, peixe e crustáceos. A preocupação se justifica porque todos os alérgenos conhecidos hoje são proteínas. Como os transgenes inseridos em um vegetal podem passar a produzir proteínas até então inexistentes ali, existe sempre o risco de que essas proteínas se tornem alergênicas.

É por isso que, antes de uma planta transgênica ser liberada para cultivo, são feitos testes para comprovar seu potencial de provocar alergias. Primeiro, é verificado se a nova proteína se parece com algum alérgeno já existente. "Hoje a estrutura dos principais alergênicos na natureza é conhecida e a informação fica armazenada em um banco de dados", afirma Flavio Finardi Filho, professor e pesquisador do Departamento de Alimentos e Nutrição Experimental da Faculdade de Ciências Farmacêuticas da Universidade de São Paulo. "Se houver semelhança com alguma proteína alergênica ou tóxica, essa experiência genética é abandonada", diz Finardi.

Em seguida, se a nova proteína vem de um alimento que já tenha um conhecido potencial para causar alergia (amendoim, por exemplo), são feitos testes com sangue e na pele de pessoas alérgicas para ver se há alguma reação. Se a nova proteína não é um alergênico tradicional, então se procura nela características típicas dessas substâncias, como resistência a ácidos e às enzimas do aparelho digestivo dos seres humanos. Esses testes feitos em laboratórios foram responsáveis pelo fim das pesquisas com uma soja transgênica desenvolvida pela empresa Pioneer Hi-Breed. A intenção era criar uma soja com maior teor de proteína para fabricar ração animal, e para isso foi introduzido na soja um gene da castanha-do-pará. Os testes revelaram que as pessoas alérgicas à castanha tinham a mesma reação com a soja transgênica. Embora o produto fosse destinado a consumo animal, a empresa decidiu não comercializar a soja porque não poderia garantir que ela não fosse parar acidentalmente em produtos para consumo humano.

Talvez a Aventis, empresa que surgiu no final da década de 1990 pela junção da Hoechst alemã com a francesa Rhône Poulenc, pudesse ter tido a mesma preocupação. A empresa lançou, no final dos anos 1990, o milho StarLink, que era ao mesmo tempo tolerante a herbicida (glufosinato) e resistente a insetos, com o gene da bactéria Bt numa versão especialmente desenvolvida pela Aventis. Nos testes de alergia, essa versão da Bt era mais resistente à degradação pelas enzimas existentes no aparelho digestivo humano. Por esse motivo, o StarLink não foi aprovado para consumo humano. A empresa garantiu que controlaria a produção e a venda, impedindo que o milho fosse usado em produtos alimentícios consumidos pelas pessoas.

Entretanto, não foi isso o que aconteceu. Uma pesquisa da própria Aventis mostrou que entre 230 agricultores, dois estavam vendendo o milho para produção de alimentos e 13% deles não sabiam onde ia parar o milho que produziam. Mesmo avisada disso pela empresa, a EPA, agência de controle ambiental norte-americana, manteve o fato em segredo. Foi a organização não-governamental Friends of the Earth que denunciou a contaminação de produtos alimentícios à base de milho com o StarLink. Centenas de produtos foram retirados do mercado por causa dessa contaminação. Mais de vinte pessoas alegaram ter sofrido reação alérgica a algum desses produtos. Estudos posteriores realizados pelo Centro de Controle de Doenças em dezessete delas revelaram que, embora tivessem sofrido alergia severa a alguma coisa, elas não eram alérgicas ao StarLink.

O único caso registrado até agora de danos à saúde possivelmente causados pela engenharia genética foi o do triptofano, nos Estados Unidos. O triptofano é um aminoácido usado como suplemento alimentar produzido por microrganismos geneticamente modificados – no caso, uma bactéria. Teoricamente, a produção dessas substâncias (a exemplo da insulina ou das enzimas) por esse método é segura. Entretanto, entre 1989 e 1992, cerca de 1500 pessoas nos Estados Unidos foram afetadas pela raríssima síndrome de eosinofilia-mialgia, que provoca alterações no sangue e dores musculares, das quais 38 morreram. Investigadas as causas, constatou-se que todas haviam consumido triptofano produzido pela empresa japonesa Showa Denko. Análises revelaram a presença de sessenta contaminadores no produto, mas nunca se descobriu se esses contaminadores foram resultado de alguma alteração da bactéria geneticamente modificada ou de mudanças no processo de filtragem do produto.

Um caso ruidoso envolvendo o estudo da segurança dos alimentos aconteceu na Escócia, em 1998. Um cientista do Instituto Rowett, chamado Arpad Pusztai, divulgou na imprensa os resultados de uma pesquisa com batatas transgênicas nas quais havia sido introduzido o gene de uma proteína chamada lectina. Os ratos de laboratório que comeram as batatas transgênicas tiveram alterações no intestino e no sistema imunológico. Como os que comeram batatas apenas salpicadas com lectina não tiveram problemas, a conclusão óbvia era que a inserção dos transgenes havia provocado efeitos inesperados na batata. Pusztai foi criticadíssimo por outros cientistas por ter ido à imprensa antes de divulgar seu estudo numa revista científica. Quando enfim o resultado da pesquisa foi publicado na revista *Lancet*, seus procedimentos foram contestados e ele acabou demitido do Instituto. Apenas para lembrar: batatas transgênicas com lectina jamais chegaram ao mercado.

Em 2005, um estudo realizado em Lisboa marcou um ponto a favor dos alimentos transgênicos. Na pesquisa, 134 voluntários de um grupo sensível – crianças alérgicas a alimentos e pessoas com asma ou rinite – comeram produtos com milho e soja transgênicos durante dois anos e nenhum deles apresentou reações alérgicas.

Outro grande temor em relação aos alimentos transgênicos existe devido a seu processo de criação. É que no meio do "pacote" de transgenes vem junto um gene de resistência a antibióticos. Mas por que ele foi colocado lá? Para que os cientistas possam saber em quais células vegetais os novos genes realmente foram incorporados. Depois de criarem a planta que eles acham ser transgênica, colocam células dela em uma cultura que contenha antibióticos. As que sobreviverem se sabe que são transgênicas porque incorporaram o gene de resistência ao antibiótico – chamado de marcador –, e conseqüentemente, os demais também.

É certo que cerca de 95% do DNA ingerido normalmente na alimentação é degradado pelo processo digestivo dos seres humanos – e aí todos são despedaçados, sejam transgenes ou não. Mas, do pouco que sobra dentro do organismo, pode ser que escape um transgene com uma característica indesejável por ali – como o tal gene de resistência a antibióticos. Esse gene de resistência poderia passar para as bactérias existentes no intestino humano e torná-las também resistentes a antibióticos. A probabilidade de que isso aconteça é bem pequena – mas, teoricamente, existe.

Se um fantasma de medo ainda ronda os transgênicos, isso se deve em parte a falhas dos responsáveis por garantir sua segurança – o caso do StarLink é exemplar, pois nem a empresa conteve a distribuição do milho, nem a EPA tomou qualquer providência quando avisada. Os defensores dos transgênicos costumam alegar que esses produtos são seguros porque foram liberados pelo FDA – Food and Drug Administration, o órgão responsável pelo controle de alimentos e medicamentos dos Estados Unidos.

A fragilidade desse argumento vem do fato de o FDA ter aprovado os transgênicos para consumo humano com base no conceito de equivalência substancial. Esse conceito afirma que, se um alimento transgênico tem basicamente a mesma composição química que seu análogo convencional, então é considerado seguro para o consumo humano. Há controvérsias, porém. "Não há garantia de que alimentos que não tenham diferença entre si em sua composição sejam igualmente seguros", afirma Flavio Finardi. "As análises de composição são grosseiras, não conseguem determinar se existe no alimento determinada proteína ou enzima", continua o professor. "Se você analisar um milho transgênico e um convencional, terá uma composição exatamente igual, pois a proteína nova do milho geneticamente modificado é tão pequena que não aparece na composição." Para o professor, que faz pesquisas sobre o efeito da soja transgênica em ratos, esse critério da equivalência substancial é ultrapassado, e somente os testes em laboratório podem garantir a segurança do alimento.

Um exemplo tenebroso mostra o quanto é difícil prever os efeitos de um alimento no corpo humano com base nesse conceito. Se analisadas em sua "equivalência substancial", tanto uma carne de boi sadia quanto uma contaminada com o príon (proteína infecciosa) que provoca a doença da vaca louca são iguais. Isso porque a seqüência de aminoácidos que forma o príon é igual à de uma proteína normal, apenas sua estrutura é diferente.

Outro problema é que são as próprias empresas inventoras e detentoras das patentes de plantas transgênicas que fazem os testes de segurança alimentar. O FDA nem mesmo as obriga a isso, apenas recomenda, mas nenhuma até hoje deixou de fazê-los. Essa garantia de segurança fica um pouco abalada quando se lembra que o FDA autorizou a empresa farmacêutica Merck a comercializar o antiinflamatório Vioxx – que não tem nada de transgênico –, com base em estudos da empresa afirmando que era um remédio seguro. Até o dia em que vários pacientes tratados com Vioxx começaram a morrer de ataque cardíaco, gerando uma série de processos e pedidos de indenizações milionárias à Merck.

Em meio a tantas polêmicas e incertezas, só há um consenso entre os que são contra ou a favor dos transgênicos: estudos de segurança alimentar ou de impacto ambiental são absolutamente necessários. "Cada evento de melhoramento genético tem de ser avaliado intensamente em relação a sua segurança tanto para o meio ambiente como para os seres humanos", afirma Alda Lerayer, do Conselho de Informações sobre Biotecnologia. O próprio relatório da Organização Mundial de Saúde sobre transgênicos publicado em 2005, que afirmava não terem sido registrados danos à saúde provocados pelos transgênicos já no mercado, insiste em que podem ocorrer efeitos inesperados em plantas transgênicas, que cada caso deve ser analisado individualmente e que são necessárias mais pesquisas para que se possa chegar a conclusões mais definitivas.

Jean Marc von der Weid, da ONG que lidera a Campanha Brasil Livre de Transgênicos, faz questão de afirmar que as ONGs jamais se manifestaram contra as pesquisas nessa área. Pelo contrário, é preciso haver mais pesquisas para que se possa superar os riscos constatados. "Se alguém disser que os riscos foram superados ou são irrelevantes, e que os benefícios dos transgênicos na agricultura passaram a ser significativos, eu mudo minha opinião", afirma Jean Marc.

Em meio a tanta contradição e polêmica, entretanto, parece que vai ser difícil alguém provar alguma coisa.

4

A produção e o risco

Os transgênicos são defendidos por muitos como uma solução para aumentar a produção de alimentos e diminuir o problema da fome e da desnutrição no mundo. Seriam eles a melhor resposta ou há outras alternativas possíveis?

Comida para quem tem fome

A partir da década de 1960, o uso intensivo de defensivos agrícolas (como herbicidas e inseticidas), aliado ao constante melhoramento genético das espécies cultivadas, levou a um aumento da produção de alimentos sem precedentes na história – foi a chamada Revolução Verde. Com isso, mais pessoas puderam ter acesso aos alimentos, principalmente nos países mais pobres e muito populosos, como a Índia.

Como a população do planeta não pára de aumentar, os defensores dos transgênicos alegam que essa tecnologia provocará uma nova Revolução Verde, aumentando a produtividade das terras cultivadas graças ao melhor controle de ervas daninhas e de insetos, e incrementando o teor nutricional dos alimentos por meio da engenharia genética. Para Lúcio Pedro Mocsányi, diretor de comunicação da Monsanto do Brasil, "a biotecnologia é uma ferramenta para os produtores de alimentos, facilitando atualmente o manejo agrícola, reduzindo custos e ampliando os ganhos do produtor. Além disso, preenche as crescentes necessidades de alimentos e fibras, e contribui para a preservação dos recursos naturais e melhoria do ambiente".

A Revolução Verde original, porém, não foi suficiente para acabar com a fome no mundo, já que hoje cerca de 800 milhões de pessoas em todo o planeta comem menos do que o necessário para viver com saúde, de acordo com dados da Organização da Agricultura e Alimentação (FAO, na sigla em inglês). A mesma FAO afirma, em relatório publicado em 2000, que o motivo da fome dessas pessoas não é a escassez global de alimentos, mas o fato de serem tão pobres que não têm acesso a eles nem dinheiro para comprá-los. Ou seja, a causa da fome mundial não é a falta de comida, mas a má distribuição tanto dos alimentos quanto da riqueza.

"Não adianta aumentar a produção nos Estados Unidos ou no Brasil se os países que possuem as grandes multidões famintas não têm dinheiro para importar alimentos, nem a população tem dinheiro para comprar", afirma Jean Marc von der Weid, da AS-PTA. "É preciso aumentar a produção nesses países e fazer os alimentos chegarem às classes sociais que têm mais necessidade. Grande parte dos famintos do mundo são camponeses."

Para a Union of Concerned Scientists, a biotecnologia não é o melhor caminho para alimentar todas as bocas humanas que nascerão nas próximas décadas. "A biotecnologia, especialmente quando usada para a produção de plantações de alimentos geneticamente modificados, não é essencial para atender esse desafio", afirma Rich Hayes, diretor de comunicação da UCS. "Ela poderia ter um papel secundário no desenvolvimento de novos produtos agrícolas, mas outros fatores, incluindo tecnologias tradicionais de cultivo e melhoramento da infra-estrutura, serão muito mais importantes."

Segundo Hayes, a engenharia genética não ofereceu caminhos diferentes à agricultura atual, dependente de defensivos químicos, que provocam grandes danos ao ambiente. "Nós acreditamos que as práticas que levam a agricultura na direção de maior diversidade biológica, menor uso de produtos químicos e sistemas agroecológicos planejados merecem mais atenção e mais pesquisa do que a engenharia genética", defende Hayes.

Para Jean Marc, cuja ONG presta assessoria em práticas agroecológicas a agricultores familiares, existem várias alternativas a transgênicos para controlar o surgimento de ervas daninhas e pragas, e diminuir as perdas na agricultura. Uma delas é implantar métodos da agroecologia, como evitar as monoculturas, plantando no mesmo campo, por exemplo, milho e feijão. E, é claro, fugir dos defensivos químicos. "Em vez de usar um transgênico Bt, prefiro ter um sistema ecológico equilibrado para que a lagarta não seja um problema para a lavoura. E, em vez de usar herbicida, ter um sistema que permita inibir o surgimento de plantas invasoras", explica Jean Marc. Esse sistema, segundo ele, tem baixíssimo custo e alta produtividade. "No centro-sul do Paraná, empregando práticas agroecológicas, conseguimos uma produtividade nas plantações de soja de nove toneladas por hectare, maior do que a média dos plantios de soja convencional da região", garante.

O único problema é que sistemas agroecológicos exigem um manejo da plantação muito mais cuidadoso por parte do agricultor – ou seja, dão muito mais trabalho. Por isso, é ideal para pequenas propriedades tocadas por agricultores familiares. Mas, pela complexidade do manejo dos vários fatores envolvidos, é impraticável em grandes propriedades como as enormes fazendas produtoras de soja da região Centro-Oeste do Brasil.

Isso não significa, entretanto, que mesmo nessa região a soja transgênica seja a melhor solução pela facilidade implícita na aplicação de herbicidas. Primeiro, porque os campos não são tão infestados pelas plantas invasoras quanto as terras gaúchas. Segundo, porque há outras formas naturais de combater as ervas daninhas, mesmo em grandes extensões de área cultivada. Uma dessas maneiras é semear na terra, entre as fileiras de pés de soja, uma planta chamada braquiária. Ela forma uma cobertura que tira a luz das ervas daninhas existentes no solo, "sufocando" o crescimento delas. Só que, assim como as práticas agroecológicas, também dá muito mais trabalho do que simplesmente jogar glifosato para aniquilar todas as invasoras. Mas, nesse caso, talvez a lei do menor esforço não seja a melhor opção.

Tudo numa planta só

A segunda geração de transgênicos, que promete melhorar o teor nutricional dos alimentos, embute uma idéia tentadora: juntar várias boas características em alguns vegetais largamente consumidos, oferecendo assim às pessoas os nutrientes de que precisam sem ter de variar muito a dieta. O arroz dourado, rico em betacaroteno (precursor da vitamina A), foi criado com essa intenção, já que seria destinado à população pobre da Ásia, que vive basicamente de arroz.

Entretanto, essa parece ser uma solução que apenas perpetua o problema. A deficiência de vitamina A e de outros nutrientes de que sofre aquela população vem justamente do fato de a dieta variada ter sido substituída pelo produto de uma monocultura em larga escala, conseqüência da Revolução Verde. "A idéia do arroz dourado é ruim porque, para obter as vitaminas necessárias, nutricionalmente é muito melhor comer outras hortaliças", afirma Miguel Pedro Guerra, da Universidade Federal de Santa Catarina. "E não adianta dizer que isso não daria certo porque as pessoas não mudam seu hábito alimentar, pois isso não é verdade."

Seria o caso, portanto, de optar por soluções distintas e opostas. De um lado, investir pesadamente numa tecnologia caríssima, a engenharia genética, para criar vegetais com maior teor nutricional que teriam de ser doados (e alguém arcaria com esses custos) à população pobre. Não faria sentido, afinal, cobrar *royalties* de quem não tem dinheiro para comprar sequer comida. Os inventores do arroz dourado, por esse motivo, já abriram mão da patente. De outro lado, a deficiência nutricional poderia ser combatida apenas com a plantação de verduras e legumes variados, uma solução mais simples e barata, mas que exige mudança do atual hábito alimentar e terras disponíveis para o plantio.

Para Miguel Pedro Guerra, aumentar o teor de proteína em cereais ou tornar legumes mais vitaminados não é um bom caminho. "Um dia alguém vai dizer que você só precisará comer soja, porque ela vai ter proteínas animais. Mas, falando agora como consumidor e não só como cientista, eu sou adepto da diversidade e quero comer outras coisas", afirma. Segundo o professor, 70% do consumo mundial de calorias atualmente está baseado em cinco espécies: trigo, arroz, soja, milho e batata. Isso cria uma perigosa vulnerabilidade. A melhor saída, porém, não está na engenharia de novas plantas em laboratório, e sim na biodiversidade. "Há 250 mil espécies de plantas no planeta e 7 mil podem ser usadas como alimento", explica Guerra. Um exemplo do potencial desse patrimônio genético mundial, segundo Guerra, é a quinoa, um vegetal da região dos Andes: "essa planta produz 35% de proteína no grão, um teor altíssimo". E isso naturalmente, sem que tenha sido necessário recorrer a qualquer tipo de engenharia genética.

Transgênicos verde-amarelos

A Empresa Brasileira de Pesquisa Agropecuária (Embrapa) tem um programa de melhoramento genético convencional de vegetais – sem a inserção de genes de outras plantas – que gera todos os anos novas variedades de plantas cultivadas no Brasil, como feijão, soja, milho ou algodão. As sementes dessas plantas melhoradas são multiplicadas pelas empresas produtoras de sementes, que pagam *royalties* à Embrapa e as colocam no mercado para serem vendidas aos agricultores. No caso das plantas que não têm grande mercado de sementes, como o feijão e a mandioca (ao contrário do milho e da soja), é a Embrapa quem as fornece diretamente aos produtores. Como a Embrapa é uma empresa pública, muitas vezes as sementes são vendidas a preços subsidiados para pequenos agricultores e, no caso de agricultura de subsistência, as sementes são doadas pelo governo.

E por que uma empresa pública estaria interessada em criar também plantas transgênicas? "Desenvolvemos pesquisas com transgênicos por vários motivos. Um deles é que achamos interessante ter o maior número possível de variedades da mesma planta, como uma soja resistente a vários tipos de herbicida", explica Francisco Aragão, pesquisador da Embrapa. Dessa maneira, fica garantida a competição tanto no mercado de sementes como no de herbicidas. "É importante que uma empresa estatal regule esse mercado, pois se houver um único tipo de milho resistente a inseto, por exemplo, a produtora desse milho terá o monopólio", avalia Aragão.

Mesmo sendo uma estatal, a Embrapa não pode dar as costas ao mercado. Por isso, pesquisa variedades da soja tolerantes a herbicida, adaptadas ao clima e ao solo brasileiros. "Se o agricultor quiser plantar a soja transgênica, a Embrapa tem de estar pronta para oferecer essas sementes", afirma Francisco Aragão. Esse, entretanto, não é o único objetivo das pesquisas em engenharia genética. Grande parte delas procura resolver problemas que atingem os cultivos brasileiros.

Entre as plantas pesquisadas, três já existem e estão em fase de pesquisa de campo. Uma delas é o feijão resistente ao vírus do mosaico dourado, uma praga que ataca os feijoeiros em todas as regiões do Brasil e pode provocar a perda total da produção. Também está sendo desenvolvido (mas ainda não em pesquisa de campo) um feijão resistente a caruncho, o bicho que ataca o grão armazenado. Outra planta já no campo, experimentalmente, é a batata resistente a dois tipos de vírus "Y". Esses dois vírus, quando atacam juntos, causam diminuição do tamanho da batata e das folhas, e podem provocar perda de 100% da colheita. Por fim, há o mamão resistente ao vírus da mancha anelar, a pior praga do mamão em todo o mundo. No Brasil, esse vírus, que reduz a capacidade de fotossíntese das plantas, ataca as duas variedades mais consumidas, o papaia e o formosa, nas maiores regiões produtoras do país (sul da Bahia e norte do Espírito Santo).

No futuro, deverão surgir novas gerações de plantas mais produtivas, que têm o ciclo de vida mais curto. Assim, em alguns países, poderão ser colhidas duas safras de alimentos por ano, em vez de uma. "Isso vai fazer com que a produção desses países aumente, gerando uma queda no custo e reduzindo o preço desses alimentos", diz Francisco Aragão. Daí, segundo ele, a importância de desenvolver pesquisas em engenharia genética: "quem não dominar a tecnologia vai perder mercado".

Transgênico ou convencional no mercado, eis a questão

Antes que a soja transgênica fosse plantada ilegalmente por aqui, o Brasil era o único país grande produtor mundial de grãos que não cultivava organismos geneticamente modificados. Até então, podia ser uma boa idéia manter o país livre de transgênicos como uma vantagem competitiva no comércio internacional – muitas vezes temeroso em consumir alimentos geneticamente modificados – pois poderia oferecer um produto diferenciado em relação a seus maiores concorrentes, como Estados Unidos e Argentina. Agora, porém, já é tarde.

Com um país deste tamanho, e com a soja sendo produzida em várias regiões, é difícil segregar a soja transgênica da convencional. As duas podem ser misturadas nos caminhões que fazem o transporte desde as fazendas, nos silos de armazenamento ou mesmo nos navios que exportam o grão para vários países. É claro que se podem fazer testes nos carregamentos de soja para verificar se ali há ou não grãos transgênicos, o que é inclusive exigido por vários países importadores. Uma vez misturada a carga, porém, já não dá para separar. Esse, na verdade, é o pior dos mundos – ser incapaz de separar grãos transgênicos dos convencionais, mesmo porque alguns mercados não aceitam os transgênicos. "O Brasil deveria separar sua soja em três tipos: a convencional, com certificação de que ali não há produtos geneticamente modificados, a transgênica e a orgânica. Há mercado para todas", avalia Rodrigo Lima, especialista em mercado internacional, da Ícone Consultoria. "A soja transgênica hoje é uma realidade. Se um país só quiser comprar soja convencional, terá de pagar mais para compensar os custos de segregação e certificação", afirma Lima.

E há quem pague. É isso que tem permitido o crescimento de empresas como a Imcopa, do Paraná, produtora de óleo de soja, farelo e lecitina exclusivamente com soja não transgênica, que exporta 98% da produção. Em sete anos, a empresa aumentou em oito vezes a quantidade de soja processada, vendendo seus produtos sobretudo a indústrias de alimentos. "A maioria de nossos clientes é de europeus, que fazem questão de comprar derivados de soja não transgênica", conta Enrique Traver, diretor operacional da Imcopa. "E essa preocupação já se espalhou para outros países para os quais começamos a exportar, como Austrália, Nova Zelândia, Japão e Coréia."

Garantir que um derivado de soja não é transgênico custa caro. O processo de produção de alguns deles, como o óleo, degrada o DNA e impede que os testes detectem se aquele produto foi ou não feito com soja transgênica. Por isso, é preciso comprovar que o produto é livre de transgênicos desde o plantio. Essa soja deve ser segregada, ou seja, separada de qualquer outra desde o transporte até a processadora. Depois, os produtos derivados também não podem ser misturados no armazenamento nem nos portos por onde são exportados. Na Imcopa, todo caminhão que chega carregado de soja é testado – são 50 mil testes por ano. A empresa certificadora, que garante que aqueles produtos não são transgênicos, faz seus próprios testes tanto na soja que entra na processadora quanto nos produtos que saem de lá.

Todos esses custos acabam afetando o bolso dos compradores por meio de prêmios, ou uma quantia paga a mais sobre o preço de mercado pelo fato de o produto ter dado garantias de que aquela soja não é transgênica. "Em 2005, tiramos em média sete dólares de prêmio por tonelada no farelo de soja", calcula Enrique Traver. "A tendência é que esse prêmio suba, porque também vamos pagar mais aos produtores que nos fornecem a soja não transgênica." Para Traver, mesmo com todos os custos de certificação, vender derivados de soja convencional vale a pena: "não fazemos isso por ideologia, embora isso combine com os ideais da Imcopa, que se preocupa com responsabilidade social. Como toda empresa, estamos no negócio para ter lucro".

5

Os transgênicos no Brasil

Foi liberada, mas está proibida. Está proibida, mas foi liberada.

Essa aparente maluquice resume oito anos de pendengas jurídicas (e políticas) sobre o cultivo de plantas geneticamente modificadas no Brasil. Em teoria, o cultivo comercial de soja transgênica foi aprovado em 1998 por um parecer da Comissão Técnica Nacional de Biossegurança (CTNBio). Uma ação judicial, no entanto, proibiu o plantio. A soja foi plantada ilegalmente, mesmo proibida pela sentença da ação judicial, e foi liberada para ser comercializada por meio de Medidas Provisórias. E o problema jurídico segue em frente, mesmo com a aprovação da nova Lei de Biossegurança.

Os transgênicos nos tribunais

Quando autorizou a Monsanto a vender no Brasil sementes de soja RR, em 1998, a CTNBio não exigiu que a empresa apresentasse o Estudo de Impacto Ambiental e o Relatório de Impacto Ambiental (EIA-Rima) feito no país. A Monsanto possuía apenas um estudo de impacto ambiental realizado nos Estados Unidos, em condições climáticas e agronômicas muito diferentes das brasileiras. Por esse motivo, o Instituto Brasileiro de Defesa do Consumidor, o Idec, entrou com uma ação judicial contra a CTNBio (representada juridicamente pela União) e contra a Monsanto, para que a CTNBio fosse obrigada a exigir EIA-Rima antes de liberar qualquer cultivo de transgênico, e para que estabelecesse normas de venda e rotulagem de produtos transgênicos. Ao lado do Idec, juntaram-se posteriormente na ação o Greenpeace, o Instituto Brasileiro de Meio Ambiente (Ibama) e o Ministério Público Federal.

A decisão da CTNBio não foi surpresa para o Idec, que fazia parte da comissão até o ano anterior. "Percebemos que, nos outros países em que os transgênicos estavam sendo liberados, a tecnologia foi implantada sem os necessários cuidados", lembra Sezifredo Paz, coordenador executivo do Idec. "Havia superficialidade nas análises de risco à saúde, não eram exigidos estudos de impacto ambiental e não era garantido o direito de escolha dos consumidores por meio da informação na rotulagem", afirma. "Quando vimos que isso aconteceria aqui, abandonamos a CTNBio."

No ano 2000, o juiz Antônio Souza Prudente, titular da 6ª Vara Federal de Brasília, condenou a União nessa ação civil pública. A sentença obrigava a realização de estudos de impacto ambiental antes da liberação de qualquer transgênico no Brasil, além de proibir a

CTNBio de emitir outros pareceres sem que antes o governo definisse normas de segurança ao consumo humano e de rotulagem dos organismos geneticamente modificados. União e Monsanto recorreram, é claro, e vários recursos e liminares depois, o processo ainda se arrastava até setembro de 2005.

Em teoria, portanto, os transgênicos estavam proibidos no Brasil. A realidade, entretanto, não foi bem essa. O plantio clandestino da soja transgênica contrabandeada da Argentina, sobretudo no Rio Grande do Sul, criou uma situação esdrúxula de agricultores com produto ilegal para vender. Em 2003, o governo Lula "deu um jeitinho", editando uma Medida Provisória (depois transformada em lei) que autorizava a comercialização das safras de 2003 e 2004 daquela soja transgênica que já havia sido produzida. A sentença que proibia o plantio e a venda de transgênicos no Brasil, embora em vigor, foi solenemente ignorada.

Tudo parecia caminhar para um fim pacífico quando foi aprovada a Lei da Biossegurança (Lei 11.105), em março de 2005. Mas era só impressão. A lei dá superpoderes à CTNBio para decidir pela liberação do cultivo e da comercialização de transgênicos sem estudos de impacto ambiental nem de segurança alimentar – fica a critério da Comissão exigir ou não esses estudos. A lei também determina que as decisões da CTNBio sejam acatadas pelos demais órgãos, como o Ibama e a Agência Nacional de Vigilância Sanitária. A CTNBio passa a ter 27 integrantes, sendo doze cientistas, nove pessoas indicadas pelos ministérios e seis indicadas por organizações da sociedade civil. Acima dela, só haverá o Conselho Nacional de Biossegurança, formado por onze ministros, que apreciará possíveis recursos contra decisões da CTNBio. Os artigos da lei referentes aos poderes da CTNBio foram aprovados sob veementes protestos tanto de ONGs ambientalistas quanto dos próprios ministérios do Meio Ambiente e da Saúde.

Mal a lei foi sancionada, começou uma nova briga jurídica. O Idec e o Partido Verde solicitaram ao procurador geral da República que entrasse no Supremo Tribunal Federal com uma Ação Direta de Inconstitucionalidade (Adin) contra a lei. E o procurador aceitou. "A Lei da Biossegurança é inconstitucional porque passa por cima do artigo 225 da Constituição, que exige estudos de impacto ambiental", afirma Sezifredo Paz, do Idec. "Além disso, dando poder de decisão à CTNBio, faz com que a comissão se sobreponha às deliberações de cada ministério em suas respectivas áreas, o que também é inconstitucional." Lá vem problema jurídico outra vez. Se a Adin for aceita pelo Superior Tribunal Federal, uma nova lei será necessária.

A luta pelo poder de decisão

Ao colocar o poder de decisão sobre a liberação de transgênicos na mão da CTNBio, a Lei de Biossegurança agradou os defensores dos organismos geneticamente modificados, mas não completamente. Isso porque a decisão pode ser contestada e, caso isso ocorra, terá de ser avaliada pelo Conselho Nacional de Biossegurança (CNBS), composto por onze ministros. "Isso foi uma forma de brecar o avanço da biotecnologia, que só traria benefícios ao agricultor, à sociedade e ao país", define Alda Lerayer, secretária executiva do Conselho de Informações sobre Biotecnologia. "A quem interessa a oposição à utilização da engenharia genética? À economia do país não é, porque se não tivermos essa tecnologia e não dominarmos esse conhecimento, seremos obrigados a pagar por eles", protesta.

Do outro lado da polêmica, Jean Marc von der Weid, da ONG AS-PTA (que faz campanha contra os transgênicos), não viu os superpoderes da CTNBio necessariamente como uma derrota. "Politicamente perdemos, mas tecnicamente não", avalia. "Tiraram o poder de decisão do Ibama e da Anvisa, mas por que temos tanta confiança nesses dois? Eles também podem tomar decisões incorretas e corrompidas. Agora, tudo vai depender da composição da CTNBio. Se for de gente isenta, sem comprometimento direto com os transgênicos, poderemos ter as melhores decisões possíveis", acredita Jean Marc.

A Lei de Biossegurança define a composição da Comissão Técnica Nacional de Biossegurança, mas a forma pela qual as pessoas serão escolhidas depende de um decreto de regulamentação. Como se não bastasse o questionamento da lei em si, o decreto, que regulamenta ainda vários outros aspectos da lei, é também alvo de embates sobre sua redação final. Até setembro de 2005, o decreto ainda não havia sido aprovado.

Um dos pontos mais polêmicos é justamente a forma de escolha das pessoas que comporão a cúpula da CTNBio: os doze cientistas serão indicados pelo ministro da Ciência e Tecnologia. Entretanto, um grupo de mais de oitenta ONGs ligadas à questão ambiental (incluindo AS-PTA, Greenpeace e Idec) faz pressão para que a escolha do ministro não seja aleatória, e sim feita a partir de listas tríplices de cientistas indicados pela Sociedade Brasileira para o Progresso da Ciência; e para que os cientistas escolhidos para integrar a comissão assinem uma declaração de ausência de conflito de interesses, comprovando que nunca participaram de projetos envolvendo organismos geneticamente modificados em empresas públicas ou privadas.

Para Sezifredo Paz, do Idec, dar todo o poder a uma comissão formada por cientistas não garante sempre as melhores decisões. "Os cientistas às vezes não têm visão republicana de Estado e da sociedade, estão baseados em sua visão de mundo. Alguns cientistas não querem saber o que a sociedade pensa e outros são parciais, pois estão ligados a organizações financiadas por empresas", opina ele. Jean Marc von der Weid faz coro: "a ciência não tem mais nenhuma isenção. Todos os cientistas têm interesse direto em sua carreira, alguns até participam do processo de patenteamento de transgênicos e falam em nome de uma ciência abstrata como se não tivessem nada a ver com o assunto".

Além da questão dos possíveis conflitos de interesses de membros da CTNBio e do processo de indicação dos cientistas, outra polêmica da regulamentação se refere ao *quorum* necessário à liberação comercial dos transgênicos. "Queremos que a liberação comercial precise do voto de dois terços dos 27 membros da comissão", explica Jean Marc. O ideal, segundo ele, é que um transgênico só fosse autorizado a ser comercializado por voto unânime dos doze cientistas, mas isso não será aceito.

A unanimidade seria indicada porque os riscos dos organismos geneticamente modificados envolvem várias áreas, como saúde humana, saúde animal e meio ambiente. A comissão, portanto, deveria ter especialistas em todas essas áreas, e o voto contra de apenas um deles deveria impedir a liberação. A argumentação de Jean Marc a favor da unanimidade faz sentido: "imagine que eu vá fazer um *check-up* e passe por doze exames diferentes. Sou aprovado em onze, que dizem que meus pulmões, meus olhos, meu estômago estão bons, mas o último diz que eu tenho câncer no cérebro. Então, por 11 a 1, estou bem de saúde?".

A pressão exercida pelas ONGs ligadas ao ambientalismo e aos direitos do consumidor tem suas razões. Uma delas foi a nebulosa história da liberação do cultivo comercial da soja RR em 1998, pela CTNBio, que deu origem ao problema jurídico arrastado por vários anos. Em 2002, um relatório da Comissão de Defesa do Consumidor, Meio Ambiente e Minorias da Câmara dos Deputados, que avaliou os processos de liberação de plantas transgênicas no Brasil, considerou que a decisão foi precipitada e tomada a despeito da posição contrária do Ministério do Meio Ambiente. Em 2003, o jornal *O Globo* publicou trechos da ata daquela reunião de 1998 e mostrou que a decisão havia sido ilegal, pois a aprovação foi feita sem que houvesse *quorum* para isso.

Toda essa briga jurídica e as pressões exercidas por ambos os lados – contra e a favor de transgênicos – prometem continuar. É, na verdade, uma luta de setores diferentes da sociedade sobre quem tem o poder de ditar os caminhos que essa sociedade deve percorrer.

6

Vai um transgênico aí?

Assim que os alimentos transgênicos começaram a chegar ao mercado, na década de 1990, iniciaram-se também campanhas contra eles em todo o mundo, lideradas principalmente por organizações não-governamentais. Essas campanhas incluem desde manifestações barulhentas e invasões de plantações transgênicas até ações organizadas de pressão a governos ou órgãos legislativos pela criação de normas de segurança e rotulagem desses produtos.

Muitas vezes, a pressão funciona. No final da década de 1990, por exemplo, os protestos foram tantos que a Monsanto resolveu abandonar a tecnologia Terminator, que fazia com que a semente da planta transgênica gerasse descendentes estéreis. Essa tecnologia era uma garantia de que o agricultor não usaria parte de sua colheita transgênica como semente da próxima safra, sendo obrigado a comprar novas sementes todos os anos. Em 2005, as ONGs conseguiram uma importante vitória em nível mundial. A mobilização da Consumers International, uma confederação que reúne mais de 250 entidades de defesa do consumidor de todo o planeta, conseguiu fazer com que fossem aprovadas diretrizes e princípios para rotulagem e análise de risco de alimentos transgênicos no Codex Alimentarius, órgão da Organização das Nações Unidas responsável pelas regras internacionais de segurança alimentar.

Mesmo em países onde a rotulagem dos alimentos transgênicos é obrigatória, caso da Inglaterra (mas não o dos Estados Unidos), os consumidores não deixam por menos. Lá, ONGs como a Friends of the Earth fazem uma insistente campanha não contra os fabricantes, mas junto às grandes redes de supermercados para que não ofereçam produtos transgênicos em suas prateleiras. A ONG pede aos simpatizantes da campanha que pressionem as lojas a tirar esses produtos de linha – e isso funciona, pois, segundo um levantamento feito pelo Greenpeace, 49 das sessenta maiores cadeias varejistas da Europa adotaram a política de não vender produtos transgênicos.

Quando conseguem uma vitória como essa, as ONGs partem para tentar outra. Em 2005, o objetivo da campanha em vigor era pedir aos simpatizantes que solicitassem aos varejistas tirar de linha rações para animais feitas com soja transgênica. A alegação era que grande parte da soja plantada em todo o mundo tem como destino a ração animal. Se o consumidor comprar a ração transgênica, incentivando esse mercado, não haverá mais soja convencional (em forma de óleo ou lecitina, por exemplo) para ser usada nos produtos alimentícios de consumo humano.

E novas batalhas desse tipo prometem vir por aí. Na Europa, a lei não manda identificar no rótulo de produtos de origem animal, como carne, se aqueles bichos foram alimentados com ração transgênica. Mas, a partir de 2005, a rotulagem da ração se tornou obrigatória. A porta está aberta para que os consumidores exijam que os criadores de animais informem que tipo de ração foi dada a eles, ainda que isso não seja obrigatório por lei. Se os fabricantes dos produtos de origem animal não atenderem a essa reivindicação, podem sofrer a pior das penas, que é a recusa dos consumidores em comprar seus produtos.

O consumidor europeu não perdoa – boicota. É por isso que os fabricantes europeus de alimentos compram derivados de soja não transgênica certificada, mesmo pagando mais caro por isso. "O mercado externo procura cada vez mais a soja convencional para fabricar produtos destinados à alimentação humana", afirma Enrique Traver, diretor operacional da Imcopa, que só trabalha com soja convencional certificada e exporta 98% de sua produção de óleo, farelo e lecitina. "É até por uma questão de imagem das empresas. Imagine a Nestlé, por exemplo, tendo de rotular uma papinha de bebê dizendo que é transgênica?"

No Brasil, um decreto de 2003, regulamentado por uma portaria do Ministério da Justiça em 2004, obriga a identificação no rótulo de produtos que contenham mais de 1% de transgênicos em sua composição, ao lado de um triângulo amarelo com a letra T. As indústrias de alimentos protestaram contra o triângulo amarelo, alegando que isso espanta o consumidor, mas ele foi mantido. Até setembro de 2005, nenhum produto fabricado no Brasil estampava a identificação de transgênico. É provável que nenhum deles fosse, pois a Agência Nacional de Vigilância Sanitária não havia divulgado até essa data nenhum teste positivo para transgênico nos alimentos encontrados no mercado.

Isso não garante muita coisa, pois o processamento de alguns derivados da soja – como o óleo – destrói as moléculas de DNA. Fica impossível, portanto, detectar traços de soja transgênica em óleo, maionese ou margarina. Por isso, independentemente da rotulagem obrigatória, o Greenpeace elabora anualmente, desde 2002, o Guia do Consumidor, listando os produtos que podem conter transgênicos no Brasil. A ONG não faz testes nos produtos para elaborar o Guia, e sim pede às indústrias de alimentos que se declarem livres de transgênicos apresentando a documentação dos processos usados para garantir a origem da soja e do milho que processam. O milho entra na história porque já houve importação desse grão transgênico para o Brasil.

Na versão 2005 do Guia do Consumidor, das 109 empresas apresentadas, 41% estão na "lista vermelha", ou seja, não comprovaram que não usam soja transgênica na fabricação de seus produtos. A cada ano, a "lista verde", a dos livres de transgênicos, fica maior. Entre eles, estão vários dos grandes fabricantes de alimentos no Brasil, como Nestlé, Parmalat, Unilever, Sadia e Perdigão, além dos grandes varejistas que possuem marcas próprias, como Pão de Açúcar, Carrefour e Wal-Mart. Na “lista vermelha”, ainda estão grandes produtores de derivados de soja, como a Cargill e a Bunge. Em 2005, a Bunge, líder no mercado de óleos e margarinas, foi a vítima da vez. Como não se declarou livre de transgênicos, o Greenpeace lançou a campanha “Encha o SAC da Bunge”, pedindo aos consumidores que enviassem uma carta modelo à empresa solicitando o não uso de soja transgênica.

Enquanto o Greenpeace vai direto ao ponto, procurando evitar que os produtos transgênicos sejam oferecidos no mercado, outras ONGs brasileiras lutam para garantir a segurança do consumidor. Uma das que mais se destacam nesse cenário é o Instituto Brasileiro de Defesa do Consumidor, o Idec. “Não somos contra a engenharia genética, mas que não tentem nos impor uma tecnologia cujos riscos são negligenciados”, avisa Sezifredo Paz, coordenador executivo do Idec. Foi graças a uma ação judicial impetrada pelo Idec (à qual se juntaram depois o Greenpeace, o Ibama e o Ministério Público), em 1998, que o cultivo da soja transgênica foi proibido no país durante tantos anos. “O Idec não luta contra transgênicos, o que queremos é um processo sólido de regulamentação que inclua análise de risco à saúde humana, estudos de impacto ambiental e rotulagem”, esclarece Paz.

Jean Marc von der Weid, coordenador de políticas públicas da AS-PTA, que participa da Campanha Brasil Livre de Transgênicos (ao lado de outras entidades e

ONGs, como Greenpeace, Idec e Ibase), também alega não combater a tecnologia em si. "As organizações que participam da campanha avaliam que até o momento os riscos para o meio ambiente e para a saúde dos consumidores são muito mais significativos do que eventuais vantagens que possam existir nos transgênicos", diz Jean Marc. "Por outro lado, há outras alternativas para o desenvolvimento da agricultura, como a agroecologia, que apresentam os mesmos resultados e não têm o mesmo tipo de risco."

Esse embate que envolve muitos interesses políticos e econômicos pode ser resumido na seguinte questão: comeremos ou não alimentos transgênicos? Segundo uma pesquisa realizada pelo ISER, em 2004, 74% dos brasileiros declararam que não consumiriam alimentos transgênicos. Na verdade, as empresas que desenvolvem plantas transgênicas, os cientistas, as ONGs ambientalistas e de defesa do consumidor, os advogados e juízes, os políticos e quem mais quiser entrar na briga podem discutir o quanto quiserem. Quem vai decidir esse jogo, ou seja, quem vai definir se os transgênicos estarão ou não nas prateleiras dos supermercados é o consumidor.

7

Por que tanta gente, afinal, é contra?

Poderíamos resumir a resposta a essa pergunta em uma frase: porque, até agora, não foi provado que os benefícios compensam os riscos.

Nem todas as promessas dos transgênicos foram cumpridas. As plantas tolerantes a herbicidas, que deveriam provocar a diminuição do uso desse defensivo químico, na verdade fizeram o contrário a longo prazo. O aumento no uso de herbicidas ofusca a queda no emprego de inseticidas ocorrida nos cultivos das plantas resistentes a insetos. Alguns benefícios marginais, como tornar mais fácil o trabalho do agricultor, são pequenos e nem sequer são percebidos por quem consome produtos derivados de plantas transgênicas.

Para muitos, esses poucos benefícios não compensam os riscos inerentes à engenharia genética, que permite a manipulação de genes de uma forma inédita e impossível de acontecer na natureza. A inserção de genes estranhos em outro organismo pode provocar efeitos imprevisíveis. Para piorar o quadro de incerteza, as pesquisas científicas sobre segurança dos transgênicos ao consumo humano ou ao meio ambiente não são conclusivas. Todos os resultados, tanto os que garantem a segurança dos organismos geneticamente modificados como os que apontam justamente o contrário, são sempre contestados pelo lado oposto.

Quando se trata de optar por um novo medicamento essencial à sua cura, qualquer pessoa admite correr certo risco, pois os benefícios são indiscutíveis. No entanto, no caso de alimentos transgênicos, por mais que os estudos afirmem que são seguros, as pessoas podem simplesmente se recusar a comê-los por acharem que é um risco desnecessário.

Em alguns casos, é claro que organismos transgênicos são a melhor opção: na produção de insulina, por exemplo, ou de enzimas usadas na indústria alimentícia. Usar plantas transgênicas futuramente para a produção de medicamentos também pode ser uma bela solução para se ter remédios mais baratos, ainda que esse processo precise ser absolutamente controlado para que essas plantas jamais cheguem ao ambiente externo ou entrem na cadeia alimentar.

A criação de plantas transgênicas que possam produzir alimentos onde hoje isso é muito difícil, como regiões muito secas ou de solo com alta salinidade, também pode ser uma boa idéia. Entretanto, o argumento de que os transgênicos são a solução para diminuir a fome e a desnutrição no mundo é bem discutível, já que esse problema está mais relacionado com a desigualdade na distribuição de riqueza do que com a falta de comida.

Por fim, a polêmica sobre plantas e alimentos transgênicos está longe de ser um debate apenas científico, mesmo porque a ciência não tem respostas precisas e definitivas sobre a segurança dos transgênicos para o meio ambiente ou para o consumo por seres humanos e por animais. É, sim, um debate político, no sentido de obrigar as sociedades a escolherem os caminhos de desenvolvimento que preferem trilhar. Os consumidores, que têm nas mãos o poder de decisão nesse debate, podem não querer consumir transgênicos, mas isso não significa que sejam contra a biotecnologia ou o avanço da ciência. Da mesma forma como optam por produtos orgânicos por acreditar que são mais saudáveis, podem se recusar a consumir transgênicos simplesmente por achar que há soluções mais sustentáveis na produção de alimentos. Ou o contrário.

Referências bibliográficas

COSTA, Neusa M. B. e BORÉM, Aluízio. *Biotecnologia e nutrição.* São Paulo, Nobel, 2003.

GUERRANTE, Rafaela S. *Transgênicos: uma visão estratégica.* Rio de Janeiro, Interciência, 2003.

LAJOLO, Franco M. e NUTTI, Marília R. *Transgênicos: bases científicas de sua segurança.* São Paulo, SBAN, 2003.

PESSANHA, Lavínia e WILKINSON, John. *Transgênicos, recursos genéticos e segurança alimentar.* Campinas, Armazém do Ipê, 2005.

RIECHMANN, Jorge. *Cultivos e alimentos transgênicos.* Petrópolis, Vozes, 2002.

Impresso nas oficinas da
Gráfica Palas Athena